Hanns-Otto Oechsle
Bilder und Texte

Warom d´Gosch vorbiaga
Schwäbisches zom Schmonzla ond Nochdenka

1. Auflage 1998
© Alle Rechte beim Autor
Hanns-Otto Oechsle, Oberstenfeld

ISBN 3-9805485-3-8

Inhalt

Warom d'Gosch vorbiaga	5
Em Besa	7
Vom jengor werda	8
S'Kirbachdal	11
Späde Triebe	13
S'erschd Veigele	14
Fürsorglich	15
An guador Frialeng	17
Manchmol isch bei ons d'Hälfde meh wia s'Ganze	18
Vom Schwätza ond Spara	19
Wia aus'em Hugo a Maus worra isch	20
Vom Kruga	21
D'Regawurmliabe	23
Von dor Erziehong	24
Vom Wassorscheua	25
Vom Handy	26
Koi Vorbindung	27
Vom grausama Schbiagel	28
S'Kehrwochaschildle	31
Besafreid, Besaleid	32
Gradis ond omsonschd / Onsore gnitze Jonge	34
Vom Sto- sto- stoddara	35
Vom Bertle	36
Uff Abwege	39
D'schee Lau	40
Von de treue Weibor	43
Dor richdig Bräutigam	44
D'Stäffela	47
Dor Lichdaberg	48
Sommer	51
Vom Fleggafeschd	53
Vom Kendorwaga vorwenda	55

Ludwigsburger Schloß

Worom denn d'Gosch vorbiaga ?

Schwäbisch sei a schwierige Schbroch, moined viele.
I ned.
Wer ned von os isch, vorschdod nix,
ond sodd au s'Schwätza sei lassa.
Des wird nia nix.
Nadierlich isch onsor Schbroch ned leichd.
Ond ondor ons, semmor froh, daß mor se ned emmor
schreiba missa.
Noi leichd ischs ned.
Des solls au ned sei. Worom ned ?
Sonsch däd ons jo jedor vorschdanda.
Bloß uff ois müaßed mor achda,
daß mor se bewahred, daß mor se schwätzed,
sonsch semmir bald en onsoror Hoimed
Raridäda.
Also drodenga:
Worom denn d'Gosch vorbiaga ?
Schwätz doch liabor schwäbisch.

Rathaus Heilbronn

Kennad'r dui wichdigschd schwäbische Eirichdung?

Em Besa

Em Besa, do gods luschdig zua,
du tendesch Freind
do hosch a Rua,
von älle deine Sorga.
Zumindeschdens bis morga.

Gugg en dei Glas
ond om de romm.
Do fendeschd Spaß.
Sei doch ned domm.
Dua doch ed gugga wia Schnitz,
a guador Schwob, der isch fei gnitz.

Vorgiß dei Grübla.
Mor woiß doch lengschd,
daß älles oifachor isch
- als denksch.
Dor Wei, der lockord au dein Senn,
ond isch em Bauch a Verschbor drenn,
no woisch, daß wia em Besa
nix schenors je isch g'wäsa.

Vom jengor werda

Dor Karle guggd sei Berda o,
dia Ronzla ond dia Falda.
Do fälld em ei dem guado Mo,
wia jengor würd sei Alda.

Am Sonndich god es nach Tripsdrill.
Dor Eitritt scheind ehm ned vorlora.
Dui Berda end d'Aldweibormühl,
no wär se grad wia neigebora.

Ehm isch sei Aldor grad so rechd,
drom schickd ors Weib allei.
Des wird a Freid, ond des ned schlecht.
Wia ald wird se wohl nochher sei ?

Doch an dor Rutsche isch a Schlang,
dor Karle stoad ond hoffd.
Des Warda wird em gar ned z'lang,
mor machd des jo ned z'ofd.

Ond rondor kommd a ganz klois Kend,
dor Karle kriagd en Schreck.
Des isch sei Berda gar am End,
no häd or jo dor Dreck.

„Berdale, bisch des du ?", seufzd onsor Karle laud.
Des Kend god gar ned uff en zu,
hod gar ned nocham g'schaud.
Bloß heult's dorfür em Nu.

Voll Wuad goschd do en andror Mo
ond schreid ond geiford glei:
„Lang bloß gar nie mei Mariele o,
sonschd hol i d'Bolezei."

Enzwischa tönt a Gschrei von oba.
Des gibd em Karl dor Reschd.
Sei Berda duad ganz droba toba,
hengd middam Hendra feschd.

Sui war am G'säß a bißle z'fett,
des hod or ned bedachd.
Jengor worra isch se ned,
doch d'Rudschbo wär schier krachd.

Hohenhaslach

S'Kirbachdal

Warsch du scho em Kirbachdal ?
Reba gibds do ohne Zahl,
Wiesa, Bächla Wäldor
ond zwischa dren au Feldor.

D'Landschafd, d'Leid ond au dor Wei
ladet gern dia Städter ei.
Do kosch wandra, kruaga, essa
ond a Viertele ned vorgessa.

Glei hendor Sachsena berguff
fahrsch durch en Wald, en langa.
No duad a Ebene sich uff,
bei Hohenhaslach duad des Dal o'fanga.

Hoch überm Kirchberg siehd mors glei,
bekannd bei ons, wohl durch sein Wei.
Weidor s'Dal hoch nebora Quell
liegd Spielberg annora schena Stell.

Ond neborm Schwarza Dor,
guggad d'Häusor von Ochsabach* vor.
Schene Fachwerkhäuser, Weiberg, Feldor
ond middla en de Strombergwäldor.

Ganz hend wared d'Häfnersleid
scho g'schäfdig wohl vor langor Zeid.
Am Schluß liegd Häfnorhaslach do,
fahr hald mol no, ond gugg dors o.

* Titelbild: Fachwerkhäuser von Ochsenbach

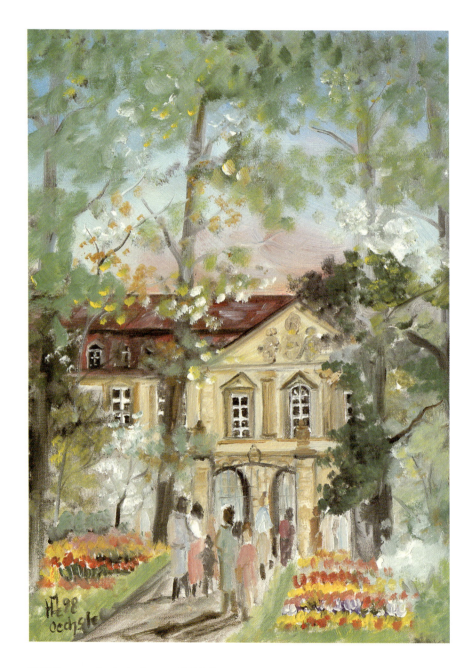

Frühling am Ludwigsburger Schloß

Späde Triebe

A Paar, des a bißle a'graut isch, liegd em Ehebedd. Di Frau denkd noch
wias früher doch so sche war.
Da hod dor Fritz ned bloß Zeidong end Hand gnomma.
D'Emma beschließd, ehn a bissle uffd Spreng z'helfa ond moind:
„Früher hosch du mir emmor d'Hand g'halda " Dor Karle liesd oihändig
weidor ond nemmd hald ihr Hand.
Aber sui isch no ned z'frieda. „No hosch du mir emmor en Kuss gea."
A bissle brommig, abor doch au interessiert, wo des no na führd, gibd
ora hald en Kuss.
„Ond no hosch me zärdlich en Nacka bissa." Jetzd hopfd dor Karle
wie o'sengd ausem Bedd ond rasd dovo.
„Wo sausch denn no ?" ruafd Emma ond denkd, jetzd häb sen vordrieba.
Doch freidig rufds von drussa:
„Ens Bad meine Zeeh hola !"

- So ischs no au wiedor -

S'erschd Veigele

Durchs Fenschdor scheind dia Sonn sche,
du moinsch jetzd muasch nach draußa geh.
Doch glei zeigds dir a schlapp'gor Wend,
dor Wendor isch no ned zu End.

Doch ischs Frialeng em Kalendor.
Vorbei ischs mid am Wendor.
No ziage hald a mei Jack on Huad
ond mach me uff mid frohem Muad.

Denn henda dromma am Lerchaberg
do isch a warme Schdell.
Do spriaßed scho die Schleabüsch,
do kommd dor Frialeng schnell.

Ond wirklich an dem wärmschda Rei,
do guggd a Veigele ganz klei,
scho lila, ganz keck raus.
No denksch, des muaß dor Frialeng sei,
jetzd isch dui Kälde aus.

Fürsorglich

Jo fürsorglich wared mir Schwoba scho emmor.
Was mor selbor welled,
solled dia andre au han.
So wars au bei dera Oma.
Ihre Kendor ond Enkel hen grad ebbes spannends
em Fernsea o'guckd.
Ond weil sia müad worra isch, ond ens Neschd wella hod,
do hod se au an dia Leid em Fernsea denkd:
„Jetzt schaldet no den Apparad aus,
damid dia Leid vom Fernsea au ens Bedd kenned."

Schmidhausen

Ilsfeld

An guador Frialeng

Rieachsch dor Frialeng ?
Gang en Garda.
D'Bleamla kenned nemme warda.
Dor Schnee schmelzd von de Hügel ronder.
D'Vegel send au scho ganz mondor
Jaged sich von Aschd zu Aschd.
D'Katz hods kriagd scho faschd.
De Menscha siehsch den au scho o.
Laufed scho en Wengord no.
Hacka, schneida, benda,
dean sich gern jetzd schenda.
Denn,
was em Frialeng wird ausg'säd
ond em Sommer guad uffgehd,
hosch em Herbschd em Kellor.
Siesch, drom rennd jetzd schnellor,
jedor rechde Schwobamo.
Damid or em Wendor zehra ko.
Dann kriagd or von dem sei Krafd,
was or s'Johr übor g'schaffd.

Manchmol isch bei ons d'Hälfde
meh wia s'Ganze

Was, des glaubsch ned ?
No muaß i dirs beweisa.

Gugg: Wenn i middam Audo ondorwegs ben ond mei Freind
dor Gottlob hockd neba mir,
ond i fahr falsch, no kos vorkomma, daß or zu mir sechd:"
Du Dackel, do hädsch nomfahra sodda."

Dackel därf der en soddema Fall scho zu mir saga,
erschdens weil i falsch gfahra be,
ond zwoidens, weil's mei Freind isch.
Ich han en au scho faschd älles g'hoißa.

Abor ond jedzd kommds - däd or *Halb*dackel zu mir saga,
no wäred mir gschiedene Leid.

Was moinsch ? Des sei jo d'Hälfde vom Dackel.
Grad des will i dir jo erklära.
Sechd der Halbdackel zu mir, no isch des viel, viel schlemmor.
Worom ?
Jo, weil i denka däd, daß dor Gottlob denkd häd,
daß mir's zumma ganza Dackel ned glangd häb.

Siesch: ond so isch en dem Fall, d'Hälfde meh wias Ganze.
Hosch mi ?

Vom Schwätza ond Spara

Grad nebor onsorm Haus
guckd Dag für Dag
des isch a Plag
dor Meggl von dor Nochbre raus.

Ned daß du moinsch, daß sui bloß gaffd
dor liabe lange Dag nix schaffd.
Sui tradschd hald, stoad dann uff dor Gaß,
des isch für sia a reachdor Spaß.

Vom Dorf do woiß se jeden Sch....
Ond isch hald au so nosaweiß.
Ond kommd ihr Freindin Bertha glofa,
dui hod se dann no ewwel troffa,
grad middla en dor Gassa dren,
mid nix wia G'schwätz em Senn.

Sui drückd dorbei ihrn Sorgobesa,
ond tradschd ond geiford pausalos.
Ond du denksch, dui sei fleißig gwäsa,
doch isch se bloß beim Tradscha groß.

Mid ihra faschd zwoi Zendnor
o'gveschbord übern Wendor,
duad se bloß dui Bensa brecha,
des kommd vom langa Sprecha.

Fenf Besa send uff dui Ard he,
dor Reschd der duad de Spenne weh,
ond Stiel, ond send se no so ald
dia gebbed de Tomada hald.

Wia aus'em Hugo a Maus worra isch

Dor Hugo muaß mol wiedor nach Weischberg, end O'stald.
Worom ? Ha weils middem emmor schlemmor worra isch.
Was hoißt schlemmer, a Kataschdrof wars. Nirgends hod or sich meh nodraud.
Worom ? Weil or gmoind hod, or wär a Maus.
Ihr müaßed eich vorschdella, a ausgwachses Mannsbild, a Kerle von zwoi Zendnor ond meh, moind or wär a Maus, a wenzigs Mäusle.
Ond isch a Katz ehm bloß uff zea Medor an en ran komma, no ischor gwetzd: - uff dor näxde Boom, - uff a Mäuerle oder enna fremds Haus nei. Mir hen en oifach ford do müssa. S'isch nemme ganga.
Guad. Wechendlich hemmor beim Direktor nocham g'frogd. Noi, s'sei no ned bessor worra middem. Er moin no emmer, er wär a Maus.

Noch emma Vierdeljohr hemmorn dann hola dürfa. S'sei jetzd bessor. Älle Freind sen midgfahra ond mir send zom Direktor ganga. Dor Hugo war scho do.
Wia außem Schächdele hod or ausgsäa. Daß i mir denkd han: Onsorois muaß schaffa ond a „Maus" wird so pflegt, daß se faschd blatzd.
„So, Herr Bäuerle" fragd dor Direktor zom letzda mol onsorn Hugo, „Sie wissen jetzt, daß Sie keine Maus sind ?"
„Abor nadierlich, Herr Direktor, das seh i doch em Schbiegel, daß i dor Hugo ond koi Maus ben. Des woiß i jetzd emmor."
„Gut, Herr Bäuerle, sie sind entlassen".
Stolz übor sei neues Wissa god onsor Hugo als erschdor naus. Guggd rom, drehd uffem Absatz om und rasd wia a gsengde Sau wiedor end O'schdald nei.
„Was ist denn jetzt los ?" frogd dor Direktor.
„I bleib liabor do !"
„Na, warum denn ?"
„Jo, I woiß, daß i koi Maus ben. Abor draußa warded a riesiger Kater, ond i ben mor ned sicher, ob der des au woiß."

Vom Kruga

Hock na, dua kruga,
dua au schnaufa.
Dua sted,
muasch ned ällford laufa.
Mid Hetza ond mid Renna,
duasch de vom Leba trenna,
dann hosch jo nia Gelegaheid,
hosch nie amol für ebbes Zeid,
ond sausch am Leba grad vorbei.
Bloß o'halda, des machd de frei.

Uff oimol isch dor Dag ganz lang
ond dir wird nemme davor bang,
daß du die Arbeid gar ed schaffsch.
Denn bloß vom Kruga,
do kriegsch d'Krafd.
Denn manchor hudeld, rasd ond rennd,
ond o'vormuaded komm dann's . . .
End.

Bietigheim

D'Regawurmliabe

A Regawurm guckd außem Rasa.
Bei schenam Wedder g'falld's am guad.
Er aald ond schdreckd sich übord Maßa.
Wia guad em doch dui Sonna duad.

Em Nachborloch wohnd Würmin Grete.
Sui isch a holde schene Maid.
Er freid sich übors Tet a tete
ond außerdem muaß or ned weid.

Er kriachd mol niebor ond sie riebor.
Dui Wurmliab isch gar riesagroß.
Mor denkd an Kendor, wird sich liebor,
au d'Würmin träumd vom Mutterlos.

Doch dabei isch es dann bassierd.
Em Karl sei aldor Rasamäher
hod ehn mildda durch rasierd.
Oi Schdück flog sogar Grete näher.

Doch dui lachd völlig o'gezoga:
„Jetzd han i sogar glei zwoi Freind."
Wia d'Doil vom Karl send hergefloga.
Sui hod ned amol geweind.

Von dor Erziehong

D'Familie Bäuerle isch bei dor Erbande eiglada. Dui hod jo nadurgemäß koine Erba, also koine Kendor. Dofür isch se zemlich dick.
Des vorwondort dor kloi Karle ned, der sechd scho bei dor Begrieaßung:
„I woiß jetzd Fritz, worom Dande koine Kendor hod. Dui hod se uffgfressa."
Mid Müa und Nod ko dor Vaddor des überspiela ond se nemmed am Disch Platz.
S'geid a Nudlsupp.
Kurz druff sechd dor Karle zum Vaddor:"Vaddor, an deim Rüasel hängd a Nudl."
Älle send wega dem Ausdruck no ganz baff.
Bloß dor Muador ischs peinlich, weshalb se schempfd: "Said mor au zu Vaddor's Gosch Rüasel ?"
Jetzd wird's au em Fritz zu bleed: „Du Vaddor, wenn dor sodde Ausdrück gfalla lesch, bischs graischd Rendviech."
No beim überstürzda Abschied kommd dor Fritzle uff den Bauch von dor Dande zom Schwätza: „ Jetzd han is gesea ond i muaß em Vaddor rechdgea, wennor sechd, daß du bald platza dätsch."
Schamrod hebd Mama em Kloinschda s'Maul zua, ko abor ned vorhendra, daß dor Karle no frogd: „Was sechd denn dei Mo dorzua, wenn du deine Kendor uffrisch?"
Älle send froh, als se d'Kendor em Audo hend, denn d'Erbdande isch a ovorheiradede Jongfer, ond ans Erba isch nemme z'denka.

Vom Wassorscheua

Dor Kurtle hängd dui Lella ra,
weil or nemme kraddla ka.
Kromm kommd or jo scho lang doher,
dagdäglich fälld ems Laufa schwer.

Den Dokdor muaß or hald besucha,
der soll no nach dor Ursach sucha.
Stondalang em Wardezemmor
wird sei Leida emmor schlemmor.

Endlich komm dor Kurtle dro.
„Was fehld den dir, du guador Mo ?"
„I ko nemme uffrechd laufa.",
duad dor Kranke draurig schnaufa.

„Ziaged se sich hald mol aus.
Mir fended jede Krankheid raus."
A Gschdank kommd von dem alda Mo.
Do guckd en gnau dor Dokdor o.

Total vorkruschded war sei Gschdald.
Der ko sich nemme biaga hald.
Drei Däg hen sen aigweichd ennem Bad,
oms Wassor wars ned schad.

Wia neigebora isch or gschbronga
ond hod uffem Hoimweg gsonga.
Ond dui Moral von der Geschichd:
Spar an Wassor nicht !

Vom Handy

Ledschdhin gang i mid meim Freind, em Kurtle en Besa. Dia hen en guada Wei ond au a gscheids Veschbor. Was abor s'schenschd isch, s'schenschd isch d' Gsellschaft. Mor hockd do nia alloi, sondorn ewwel zema. Je engor, deschdo schenor. Also, wia mor so grad an dor Dier schdean, do sehed mor zwoi hübsche Blondina. I muaß dorzua saga, daß i nix gega Blondina han, sia müaßed hald von os sei. Also, da send zwoi knappe Plätz nebor dene frei. Mir nix wia naghockd. Meglischd uff Duachfühlung, wobei mor wenigor s'Duachfühla mechd. Kurz gsaid, mir hen gschonkeld, mir hen gschwätzd ond scho agfanga, ons diaf end Auga zgugga. No hör i bletzlich a Piepsa. I han scho denkd, dui häb en Summor em Miedor, do war i nämlich grad vellig oabsichlich nokomma. Des wars aber ned. Mai neuer Augaschdern langd zielbewußd noch henda. „Hosch gherd, des isch mei neis Handy", moind se. „Was moinsch ?" stutz i , „mei Hand ?" „Noi, mei Handy!" No wars abor wiedor leis. Do soll no oinor midkomma.
Ond grad wia's dann wiedor sche wird, no piepsd es wiedor. Glei schwätzd se los ond kichord ond lachd. Aber ned mid mir. „I muaß jetzd ganga", moind se, „mei Handy muaß nommel überprüafd werra."
Hoffentlich überprüafd der bloß des Handy. Ond so ebbes soll Kontakte herstella.

Koi Vorbindung

Em Karle sei Telefo isch sei ganzor Stolz.
Endlich hod ors kriagd. Drei Johr hod or gwarded. Abor s'klengeld hald ned.
Do god sei Freind, dor Heinz, uff dor Gaß vorbei. S'Fenschdor uff ond ehn gruafa, des isch ois:
„Du, Heinz, du kennsch me au mol orufa." „Wia soll i der macha, woni koi Telefo han?"
„No sags zur Sonnawirds-Berde, dui hod ois." - „Ond dei Nummer."
„Sui ko jo orufa ond froga."
A bißle schbädor klengelds doch, ond onser Karle hebd ab.
„Ist da die Nummer zwo sieben zwo zwo?" frogd a weibliche Schdemm.
So vornehme Zahla hod onsor Karle no nia ghörd ond sei Zahlagedächdnis isch eh neds beschd.
„Noi, hier isch siebenazwanzg zworazwanzg."
Des vorschdod jetzd wiedor des vornehm Weib an dor Strippe ned.
„Entschuldigen Sie bitte die Störung, dann muß ich mich verwählt haben."
„Machd doch nix," moind onsor Karle, „s'Telefo hod sowieso grad klengeld."

Vom grausama Schbiagel

Hendorm Gläsle hockd der Mo
guckd sei Geburdsdagsdorde o.
Zähld dia Kerza:
Ed zom scherza.
Oisafufzig, zwoi, drei, vier!
Send des viel, do hilfd bloß Bier.
Odor han i gar zviel dronka,
dean dia Kerza doppeld fonkla?

No denkd or an geschdrig Morga
do hod or doch au große Sorga.
Bloß oin Medor vom Schbiagel drennd
hod or sich schier gar ned kennd.

Jetzd isch em au des ganz klar,
daß or doch der Alde war,
Doppelkinn ond viele Falda,
des isch er ond ned sei Alda.

Nei ens Bad ond gschaud.
Doch do hod's ehm graud:
Wo isch bloß des Buabagsicht?
En dem Schbiagel fendsch des nicht.
No packd dor Kerle a grausgor Zorn,
packd den Schbiagel grad von vorn.

Reißd en raus ond wirfd en nondor,
gschbliddord isch der blede Dondor.
Z'End isch mid dem Schbiagelbild.
No wird or au nia meh wild.
Bleibd hald dui Erinnerung
ond en der isch er no jung.

Mühle bei Billensbach

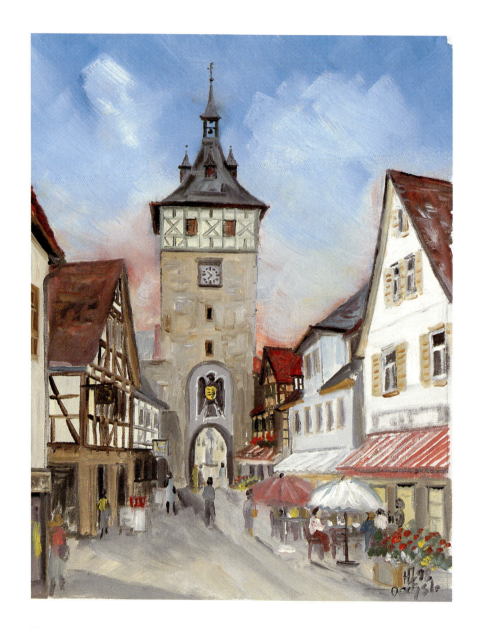

Marbach

S'Kehrwochaschildle
ond seine Auswirgunga

Trebbuff, Trebbab do hod mors traga.
Wer's hod der därf sich d'Woch lang plaga.
Dui Kehrwoch hod en voll erwischd.
No wird dui Behne gherd ond gwischd.
Ond d'Kellortrebba muaß au glänza,
dui Gaß muasch vorrem Kehra sprenza.

Jo do lernsch au Butzdeifel kenna.
Dia dean sich schlechd vom Schildle drenna.
Bloß sia mached dui Trebb so fei.
Wenn's andre mached, herrschd Sauerei.
En älle Ecka wär dann no Dreck,
nedamol d'Spennawaba sen weg.

Ond s'Schlemmschde wars, hods dann mol gschneid,
no muasch end Kälde, lang vor dor Zeid.
Dann wird gschoba,
kehrd ond gschibbd en dor Nachd
ond godsallmächdig Lärm hald gmachd.
Des ko koi Schläfor überleba,
ond Wirde duad koi Ruah ned geba.

Endlich hod s'Trottwar gfonkeld ond blitzd,
No schebbords Gugg wer do sitzd.
D'Frau Scheifele uff iram dicka Po,
„Häddschs glassa, wär se eba so nogfloga.
Häd dor selbe Blätz
von wega de blede Steckelabsätz.
Jetzd bisch au no ihr Blitzableidor.
Näxschmol schlof i oifach weidor.

Besafreid, Besaleid

Schaffa isch ons Schwoba rechd.
Manche deans scho Däg ond Nächd.
Schaffa-ganga
Häusle-baua
ond au noch de Weischdeck schaua.

A soddanor läßts bloß dann sei,
wennor hockdmid Freind beim Wei.
No wird gschlürfd ond gschwätzd
ond amole nemme ghetzd.

Zong wird schwerer,
dor Geischd goad uff.
Zwoi, drei Vierdel send doch koi Suff.
No wird a bißle politisierd
ond au gsonga oschenierd.

Koiner will dann hoim me ganga.
Ond dia Weibor dean scho banga.
Wie brenga mor dia Mannsleid raus ?
Wie außem Besa ond nach Haus ?
Wuselig, wia se sonschd so send,
jetzd bewegd koi Fuaß sich gschwend.
D'Mannsleid dean hald weidor dudla
ond lalled bloß: Dean bloß ned hudla.
D'Weiber dean se liab o'gugga.
Dean ganz eng an se narugga.
No denked d'Mannsleid des wird schee,
ond dean o'gmauld mid dene geh.

Doch, ond des isch klar,
a frommor Wonsch des jo bloß war.
Wia a Stoi falled se ens Bedd:
„Gell, em Besa war des nedd."

Ond gean dann ganz von selbor Rua.
D'Frau herd lang em Schnarcha zu.

Etzlenswenden

Gradis ond omsonschd
Onsore gnitze Jonge

Am Freidich hods Zeignis gea. Dor kloi Gustav hod wiedor mol ned grad a guads ghed. Ned weil or bled war, noi des war or ned. Faul war or.
Scho vor dor Dier hod or d'Samschdichzeitung end Hosa henda neidoa, von wega de Schdroich.
„Des sodsch ned glauba", schreid dor Vaddor, „mei oinzigor Bua, ond des a Bachel."
Do fälld em Gustav sei Reddung ei.
„Du Vaddor, du warsch doch emmor so guad." „Klar, i ben johrelang erschd gsessa."
„Also no erklär mor mol, was isch dor Onderschied zwischa „gradis" ond „omsonschd"?"
Do will sich dor Vaddor ned lomba lassa ond reißd sich schier dia ledschde Hoar von dor Glatze.
„Do fend i koin", moind or nach langor Überlegung.
„Doch, do gibds oin. Bisch hald doch ned so gscheid. Baß uff: Die Schualausbildong war doch gradis. Schdemmds?"
„Klar", moind dor Vaddor.
„Ond wenn du so an oifacha Ondorschied ned erklära kosch, n war se hald omsonschd.
Hosch's begriffa?"
Dor Karle, dor Vaddor blatzd zwar schier vor Wuad, abor er merkd, so schlechd wia des Zeignis isch, war dor Gustav ned. Der hod no Reserve.

Vom Sto- sto- stoddara

En Cannstatt hockd vor langor Zeid
em dridda Stock a frierends Weib.
Sui hod gar koine Kohla meh,
ihr sodded mol ihrn Kellor seh.
Leer wia a Oimer mid ma Loch,
zom Glück kommd do dor Händler doch.

Denn onda aus dor diafa Gass,
herd morn ruafa ond gar was.
Ei, Ei, Ei Ei Eierkohla,
do werd i mir en Oimor hola.
Saud mid de Schlabbor, so schnell se ko
hinunder zu dem Kohlamo.

Middam Pferdle kommd or glei,
doch uffam Waga koi gozzichs Ei.
Koi oinziga Eiorkohla hador ghett !
Uffam Waga warn bloß Brikett.

Do packd onsor Weib dia helle Wuat.
Was se ehm said, klengd gar ned guad.
Bloß a Dommkopf wia er däd Eierkohla brülla
ond sein ganza Waga mid Brikett fülla.

Oh, li-li-liebe Frau, vorschdosch des ned.
I han eba heid bloß Bri-Bri-Brikett.
Do-Do-Doch mid ma Pferd, do muasch de plaga.
Brülld i Br-Bri-Brikett,
stod glei dor Waga.

Vom Bertle

Eigentlich isch dor Bertle a liabor Kerle gwä.
Meischd a bißle schei ond zrückhaldend. Vor ällem wemmorn ned en a Eck drängd hod, i moin, bildlich gschbrocha, ed wirklich, des hod nämlich neamords von seine Kamerada gschaffd, weil or a saumäßiga Gwald ghed hod, der sell.
A bißle dubbelig war or hald, i moin, a bißle ed so wia mor hald war.
Wo häd ors au herhan solla ?
Sei Vaddor war au so ond sei Muador war au koi Lichd. Ond was Schlemmschd war: Sie hens ned mol gmerkd. Guad !
Scho bei der Eischualeng hod sei Vaddor koi guads Bild agea, weil or koi gscheida Ondorschrifd hod zammabrochd.
Ond uff Afrog, worom dor Bertle so komisch gugga däd, hod or grad so bled sei Gosch vorzoga ond gsaid: „I woiß au ned, worom or so glotzd."
Abor mir ond älle andere hens gwißd. Eigendlich häd dor Bertle end Sondorschual solla, des hod dor Lehror glei gmerkd. A bar Däg schbädor hod morn nogfahra middama Taxi.
Sei Vaddor hod jo koin Karra ghed, weil or domols beim Führerscheimacha den Prüfor ogfahra hod. Guad!
Bald druff isch dor Bertle doch end normal Grondschual ganga. Worom ?
Weilor bei der Prüafong end Sondorschul durchgfloga isch. Kamor des ?
Klar, kamor des ! wemmor z'bleed isch.
Dor Bertle war z'bleed für d'Hilfschual. A Schual drondor hods damols ned gea.
No war or hald en dor normala Klass. Des war a Problem für ehn und für dor Lehror. Ällamol hod koiner gschdreckd, außerem Bertle. No freisch de scho ond denksch, er woiß was. Noi, der woiß es ned, sondorn frogd, ob or mol uffs Klo därf.
An andermol, er hod enzwischa gmerkd, daß des Schdrecka scheinbar guad isch, schdreckd er wiedor. „Des freid mi abor, daß dus woisch, Bertle," moind dor Lehror. Doch der sechd:
„i woiß´es ned, abor mei Nochbor woiß es." Wiedor nix !

Jo, dann en dor zwoida Klass ischs emmor schlemmor wora. Vorällem, weil or dui dreimol gmachd hod. Ond no war or hald z'ald.
Diktat hod or äwel no ned schreiba kenna, abor währenddem uff am Boda romgrabbla ond de Mädla ondor d'Reck gugga, des hod or kenna.
Doch älles isch dann emmor schlemmor worra, weils em z'langweilig war.
A Beschäfdigung muaß her. Zum Glück isch domols dui alde Schuldafel ned richdig austariert gwä, se isch emmor mol nach oba odor onda grutschd. Des hod em Bertle a Geschäfd gäa. Von dem Momend o war er dor stolze Dafelheber.
Em Wendor war dor Lehror krank ond a s bsondors fendigor Kolleg hod en vordräda.
Der hod mid amma kleina Gieskännle mid ebbes Wassor d'Dafel en dor Höhe g'halda.
So weid so guad. Bloß daß onsor Bertle ganz draurig gwä isch.
En dor Pause isch or dann dovo gsaud. Älle hennen gsuachd. Em Hof vom Lehnabaura hen sen gfonda. Er häb dord Deichsel g'halda. Noi, a Pferd wär ed do gwä.
Abor Deichsel häb or guad ond ganz stolz g'halda. Emmor en dor gleicha Höh.

Häfnerhaslach

Beilstein, Langhans

Uff Abwege

Zwoi Freind hen em Hirsch a bißle zviel dronga. Sia mached sich uff dor Hoimweg en dor Pfannaschdiel ond, weil se hald nemma ganz klar send, kommed se overmuded uffs Bohgleis nach Beilschda. Se mached mühsam ganz groß e Schridd.
Eba von Schwella zu Schwella. Nach oinigor Zeid sechd dor Karle:
„Du Fritz, wann herd denn dui ewiga Drebba uff?"
Eigendlich heds jetzd em Fritz dämmra müaßa. Abor der isch jo au bsoffa:
„Jo, i wondor mi au scho ond was des Schlemmschd isch, daß des Glendor so niedrig isch."

D' schee Lau

S'Weddor schee ond Lufd war lau,
no ziagsds den Kerle an dia Blau.
S'Schwitza annama Sommordag
isch für ehn a große Plag.
Drom läßd or sich ed lomba,
will sich em Gomba donka.

Scho wianor so durch d'Bläddor guckd,
denkd or: Ben i jetzd denn vorruckd.
Hockd do ned a nackigs Mädle
grad dromma neborn Schdägle
uff sonnam Schdoi grad en dor Sonn.
Ond des alloi.
Nadierlich stod or ned lang rom,
vorällem weil sen au no lockd
barbusig ond au ned berockd.

Or isch fürwahr koi Weiborhasser,
drom hopfd or nackig au ens Wasser.
No siehd or erschd, daß d'scheene Maid
hod onda rom a Schubbakleid.
Was solls, denkd sich dor jonge Mo.
dorfür isch oba älles dro.

Er moind, er kennd se wirklich halda,
doch sui läßd gar koi Gnade walda.
Ned er hod sie, sui hod jetzd ihn,
duad en beharrlich nabe ziehn.
Ziagd en an seinam blonda Schopf,
ganz nondor en den tiefa Topf.

Gfonda hod mor leidor,
von ehm bloß seine Kleidor.
Vorschwonda isch die scheene Lau,
onds Wassor glei druff wiedor blau.

Blautopf

Weinsberg bei der Weibertreu

Von de treue Weibor *

Rengs om dui Burg do lag dor Feind,
dor oiga Kaiser ond hod gmeind,
daß er en seiner großa Wuad
dui Burg total zerschdeere duad,
mid sammd de Leid, dia ihn bekämpfd.
Alloi dia Weiber hennen dämpfd,
sodaß or ledschdlich Gnad ließ walda.
Sei Word hod or au wirklich g'halda.
Freier Abzug solled dia Weiber haba,
mid ällem was se uff am Rücka traga.

Do hen se ned lang nochgedachd,
hen ihre Mannsleid en Sicherheid brachd.
Denn ihr Liabschds wared d'Männor uff am Rücka.
Däd sich heid dorfür a jede bügga ?

*) Geschehen 1140 in Weinsberg. Kaiser Konrad läßt die treuen Weiber mit ihrer Last abziehen.

Dor richdig Bräutigam

S'Marie war jo wirklich schee,
doch wolld des gar ned richdig geh
mid ihror Hauchzich, mid ma Mo.
Nadürlich guggd se manchor o.
Blitzsaubors Gsichd,
Kromm isch se nichd,
ond rondherom so älles dro,
was freia däd en Mo.

So a Weib jo heidanei,
do müßd doch en Vorehror sei.
Em Mai scho fenfazwanzig,
wird dia am End no ranzig ?,
denkd Muador ond mahnd bei Gelegaheid:
Du, Kend, jetzd ischs jo an dor Zeid,
daß du kommsch ondord Hauba,
s'drängd scho, des kosch mor glauba.

Woisch Muador, i han Werbor en Menge,
bloß d'Wahl brengd me en d'Enge.
No heirad den Heinz, moind Muador glei.
Der rauchd wia a Schlod, do gang i ei,
moind s'Mädle do soford.
S'gibd auno andre em Ord.
No nemm doch den Fritz, ond laß den laufa.
Oh Moador, sechd Marie, der duad doch saufa.
A schleckichs Mensch bisch ! Des muaß i saga.
No duasch middem Karle d'Ehe waga.

S'Mädle wird rod ond schämd sich glei:
Der will Liab äll Däg ond glei,
stodderd des äldore Kend.
No lachd ihr Muador gschwend:
Den heiorsch abor glei,
denn dia Kranked god vorbei.

Burg Reichenberg, Oppenweiler

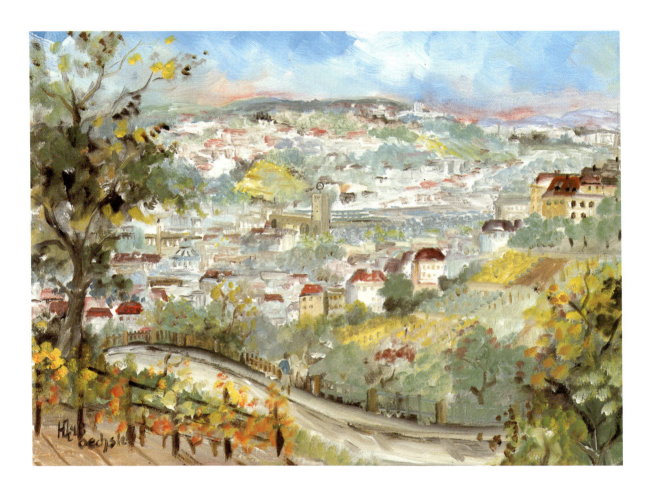

Von de Stuttgarter Stäffela

D'Stäffela

Stäffela nuff, Stäffela na
schdeigsch ned nuff
fliagsch ned ra.

Machsch die Däbberla a bißle groß,
flliagsch glei no ond bluaded Nos.
D'Muador said: „Komm, gang doch weg,
fliagsch middem Sonndichsschdaad en Dreck;
d'Strempf sen au scho wiedor hee,
wia solla mor do zom Dede geh?

No heilsch a bißle Rotz ond Wassor
ond Mammes Kloid wird au scho nassor:
„I hamme hald scho ewwel g'freid,
weils beim Dede Guadsla geid."

No duad hald Muador ens Dieachle schbugga,
butzd dem d'Nos, duad ganz liab gugga.
No ziaga mor die Strempf hald aus
ond Weld siehd wiedor freindlich aus.
No isch uff oimol älles rechd,
denn Dodes Kuacha send ed schlechd.
Dor Fleck am Kiddel bleibt ned alloi,
denn nach am Kuacha sends dann zwoi.

Stäffela ruff
Stäffela na,
steigsch ned nuff
flieagsch ned ra.

Dor Lichdaberg

An schene Däg, do brech auf
ond gang zum Lichdaberg hinauf.
Von dord ischs Bottwardal so schee.
Wer's kennd, muaß's emmor wieder seh.

A aldor Schafstall stoad no do.
I guck dia alde Mauer o.
Ond hock me uff en brüchga Stoi,
do kosch gruga ond bisch alloi.

Wia Fleckla lieged Feldor do.
Ond guck dor dia weid Aussicht o !
Dia Berg, des müssd dor Stromberg sei.
Ond überall an de Häng wächsd Wei.

Nebor mir dia alde Mauer.
A Wolk kommd, en dor Fern an Schauer.
Hochübor de Bäum siehd mor den Turm,
der hod überdauerd manchen Sturm.

Was hod der Turm scho älles gsä ?
Wia isch des Leba frühor gwä ?
Wia hend sich d'Leid hier gschonda
ond gfrond so viele Stonda.

Heid kosch sitza,
seniera, siehschs blitza
von onda ruff die Auto weid.
Heid isch a ganz, ganz andre Zeid.

Ob wirklich älles isch schlechter gwä,
wird mor erschd viel später säh.

Burg Lichtenberg, Oberstenfeld

Ludwigsburg, an der Stadtkirche

Sommer

Von dor Schderna hoiß
renna duad sei Schwoiß.
Soll dor Wei den Baura loba,
muaß or erschd em Wengord droba
mid dor Hacka ond dor Scher
grubla ond des fälld em schwer.

Wenn dui Sonn am Hemmel brennd,
ond or koi bißle Schadda fend.
Doch em Wei, dem Lebenssafd,
gibd des erschd dia richdig Krafd.
Zucker gibds ond Oechslegrade,
denn em Wei, dem duads ed schade.

Dor Bauer woiß, der Schwoiß isch wichdig,
bloß mid Sonn gedeihd or richdig.
Dann gibds em Herbschd en guada Schluck,
drom häld en d'Hitz ned z'ruck.

Rathaus Oberstenfeld

Vom Fleggafeschd

En onsorm Dorf isch Fleggafeschd,
des isch en großer Spaß.
Do gehd heid koinor bald ens Neschd,
s'wird g'feierd uff dor Gaß.

En guador Wei, en Zwiebelkuacha,
des lockd au d'Gäschd von weid.
Des muasch au du en Rua vorsuacha.
Hock no - ond laß dor Zeid.

S'greschd Cafe isch heid ennam Zeld,
mid übor hundord Dorda.
Des schmeckd deim Göschle, ond au's Geld
brauchsch heid amol ned horda.

Do triffsch die Freind, kosch miden schwätza.
Duasch lacha, supfa ond au essa.
Wer duad Gemüadlichkeid ned schätza,
ond Zeid dorbei vorgessa ?

En onsorm Dorf isch Feschd,
ganged ned ens Neschd !
Feired liabe Leid !
Bis Medich isch no weid.

Herbschd bei Prevorst

Vom Kendorwaga vorwenda

Jo frühor war mor schbarig. Guad, mor hods au ned so g'hed. Mor war froh, wemmor a Gärdle g'hed hod. A Güadle, wos Ebbira, Breschdleng ond au Gugommor gea hod. Ond no viel meh. A Problem war dann abor ewwel no dor Düngor, wemmor ned grad Viechor g'hed hod. D'Frieda, von der i vorzähl, hod koi Viech g'hed, dorfür a Kend abor leidor koin Mo.
Der isch em erschda Kriag gfalla.
Glei druff hod se no ihr Kend kriagd.
Middem Kendorwaga isch se stondalang durchs Dorf gfahra. Ned weil se faul war. Noi!
Sie war ewwel uff dor Suach, ihr glaubeds ned, uff dor Suach nach Roßbolla.
Domols gabs emmor a Weddrenna om dia guade Dengor. Am beschda mor isch glei do gwä.
Also onsor Frieda hod dann middam Scheifele des Guade eigsammeld ond äls en dor Kendorwaga neiglada.
S'Baby sei emmor hehor gläga ond warm.
Ond nadürlich häb ses schenschd Gmüs ghed. Ond was s'beschd isch aus dem Baby isch a großer Kerle worra ond a berühmdor Reidor.

Isch doch klar, an dor Gschmack war or scho gwehnd.

Gronau, en dor Endagaß

Hanns-Otto Oechsle
geb. 1943 in Stuttgart

Kunsterzieherstudium in Stuttgart/Ludwigsburg
Gründungsmitglied des Ludwigsburger Kunstvereins
Mitbegründer der Künstlergruppe „Form und Farbe"
1. Vorsitzender des „Kulturverein Oberes Bottwartal e.V."

Ausstellungen:
seit 1972 über 80 Ausstellungen u.a. in Affalterbach, Gemmrigheim, Kirchheim, Ludwigsburg, Marbach, Lauffen, Mundelsheim, Sachsenheim, Steinheim, Sulzbach und jährlich in Oberstenfeld sowie ständig in der eigenen Galerie.

Bücherstube und Forstgalerie
Küfergasse 6
71720 Oberstenfeld
Telefon 0 70 62 / 2 10 29, 35 19
Fax 30 87
Öffnungszeiten:
Mo - Sa 9 - 12.30 und 14.30 - 18 Uhr
Mi- und Sa Nachmittag geschlossen
oder nach tel. Vereinbarung

Motivwahl:
Hanns Otto Oechsle bevorzugt Landschafts- und Dorfmotive, gestaltet aber auch Stilleben und Blumenbilder. Natureindrücke sind die Grundlage seiner Arbeiten. Er gibt diese aber nicht fotografisch wieder, sondern verdichtet und beschränkt das Bild auf die wesentlichen Farben, Formen und Rhythmen. Er malt dabei nach seinem persönlichen Eindruck nicht nach objektiven Gegebenheiten.

Techniken:
Öl- und Aquarelltechnik sind neben Dispersion und Bleistift seine Ausdrucksmittel.

Beilstein

© Alle Rechte vorbehalten
Hanns-Otto Oechsle
Bücherstube und Forstgalerie
Küfergasse 6 · 71720 Oberstenfeld
Telefon 0 70 62 / 2 10 29, 35 19 · Fax 30 87

Satz: *sofort*druck D: Zimmermann
Sulzbacher Str. 1 · 71720 Oberstenfeld
Telefon 0 70 62 / 930 120 · Fax 930 122

Herstellung: Druckerei Pechmann GmbH
Am Schafhaus 3 · 71720 Oberstenfeld
Telefon 0 70 62 / 22 104 · Fax 20 49